Soy bueno para...

Soy buena para las matemáticas

Eileen M. Day

Traducción de Sol Robledo

Heinemann Library
Chicago, Illinois

© 2003 Heinemann Library
a division of Reed Elsevier Inc.
Chicago, Illinois

Customer Service 888-454-2279
Visit our website at www.heinemannlibrary.com

Designed by Sue Emerson, Heinemann Library; Page layout by Que-Net Media
Printed and bound in the United States by Lake Book Manufacturing, Inc.
Photo research by Alan Gottlieb and Amor Montes de Oca

07 06 05 04 03
10 9 8 7 6 5 4 3 2 1

Library of Congress Cataloging-in-Publication Data
A copy of the cataloging-in-publication data for this title is on file with the Library of Congress.
   Soy buena para las matemáticas. / Eileen M. Day; traducción de Sol Robledo.
   ISBN 1-4034-0936-6 (HC), 1-4034-3580-4 (Pbk.)

Acknowledgments
The author and publishers are grateful to the following for permission to reproduce copyrighted material:
p. 4 Stephen McBrady/Photo Edit; pp. 5, 6, 7, 8, 9, 10, 11, 12, 14, 15, 17, 19, 22, 23, 24, back cover Robert Lifson/Heinemann Library; p. 13 Russell D. Curtis/Photo Researchers, Inc.; p. 16 Jose Luis Pelaez, Inc./Corbis; p. 18 Stone/Getty Images; p. 20 Bob Daemmrich/Stock Boston; p. 21 Bob Daemmrich Photography, Inc

Cover photograph by Tom & Dee Ann McCarthy/Corbis

Every effort has been made to contact copyright holders of any material reproduced in this book. Any omissions will be rectified in subsequent printings if notice is given to the publisher.

Agradecemos la ayuda del grupo de asesores bilingües en la traducción de este libro:

Anita R. Constantino
Literacy Specialist
Irving Independent School District
Irving, TX

Aurora Colón García
Literacy Specialist
Northside Independent School District
San Antonio, TX

Argentina Palacios
Docent
Bronx Zoo
New York, NY

Leah Radinsky
Bilingual Teacher
Inter-American Magnet School
Chicago, IL

Ursula Sexton
Researcher, WestEd
San Ramon, CA

Unas palabras están en negrita, **así.**
Las encontrarás en el glosario en fotos de la página 23.

Contenido

¿Qué son las matemáticas?

Las matemáticas es el estudio de los números y de los símbolos.

Unos números dicen cuánto cuesta algo.

Otros números dicen dónde vivimos.

Uso las matemáticas todos los días.

¿Qué es contar?

Contar es averiguar cuántas cosas hay.

Al contar reunimos cosas.

Cuento los días de la semana en el **calendario**.

Una semana tiene siete días.

¿Qué es agrupar?

Agrupar es poner las cosas en grupos.

Puedo agrupar **ositos de contar**.

Puego agrupar las frutas.

Agrupo las manzanas por su color.

¿Qué es un patrón?

Un patrón es un diseño que se repite.

Se puede hacer un patrón en la fila.

Hago un patrón cuando
ensarto cuentas.

Pongo cuentas rojas y después
cuentas azules.

¿Qué es una forma?

La forma es la figura de algo.

Todo tiene forma.

Puedo dibujar una forma.

Hice un corazón para mi mamá.

¿Qué es un par?

Dos cosas que van juntas
son un par.

Los pies son un par.

Puedo formar pares con
los calcetines.

Junto los calcetines iguales.

¿Qué es decir la hora?

manecilla

Decir la hora es leer los números del reloj.

Las **manecillas** dicen la hora.

Las manecillas de este reloj
señalan las 8:00.

¡Es hora de ir a la escuela!

¿Qué es medir?

Cuando mido, sé qué tan grande es algo.

Se puede medir con una **regla**.

Se puede medir con **ositos de contar**.

¡Este granero mide nueve ositos de largo!

¿Cómo me siento con las matemáticas?

Me siento orgullosa cuando uso matemáticas.

Me siento especial.

Cuando uso matemáticas me siento importante.

Puedo ayudar a otras personas con las matemáticas.

Prueba

¿Qué sirve para medir tu estatura?

Busca la respuesta en la página 24.

Glosario en fotos

calendario
página 7

regla
página 18

ositos de contar
páginas 8, 19

agrupar
páginas 8, 9

manecillas
páginas 16, 17

Nota a padres y maestros

Leer para buscar información es un aspecto importante del desarrollo de la lectoescritura. El aprendizaje empieza con una pregunta. Si usted alienta a los niños a hacerse preguntas sobre el mundo que los rodea, los ayudará a verse como investigadores. Cada capítulo de este libro empieza con una pregunta. Lean la pregunta juntos, miren las fotos y traten de contestar la pregunta. Después, lean y comprueben si sus predicciones son correctas. Piensen en otras preguntas sobre el tema y comenten dónde pueden buscar la respuesta. Ayude a los niños a usar el glosario en fotos y el índice para practicar nuevas destrezas de vocabulario y de investigación.

Índice

Respuesta de la página 22

Puedes medir tu estatura con una **regla.**